KB219989

의

감사로 충만한 생활

DATE:

기적을 만드는

절대 감사 노트

초판 1쇄 발행일 2019년 7월 12일
초판 2쇄 발행일 2021년 1월 17일

엮은이 하온 **감수** 이상윤
펴낸이 김지영 **펴낸곳** 지브레인^{Gbrain}
편집 김현주
제작·관리 김동영 **마케팅** 조명구

출판등록 2001년 7월 3일 제2005-000022호
주소 04021 서울시 마포구 월드컵로7길 88 2층
전화 (02)2648-7224 **팩스** (02)2654-7696

ISBN 978-89-5979-617-5(03230)

앞 표지 이미지 www.shutterstock.com
뒷 표지 이미지 www.freepik.com
본문 이미지 www.freepik.com, www.utoimage.com

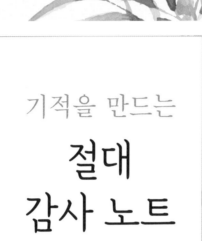

기적을 만드는

절대
감사 노트

하은 엮음 이상윤 감수

지브레인
153

감사는 행복을 여는 열쇠입니다. 감사를 모르면 인생은 언제나 척박하고 고될 뿐입니다. 세상은 늘 나에게만 불공평한 것 같고 기울어진 운동장에서 경기하는 것만 같습니다. 감사를 모르고 항상 다른 사람과 비교하다 보면 더욱더 작아지고 초라해질 뿐입니다. 그러나 감사는 끊임없이 다른 사람과 비교하는 것을 멈추게 합니다. 이미 받은 복을 세다 보면 무채색의 탁하고 어두침침한 인생이 어느덧 밝은색으로 아름답게 채색되기 시작합니다. 사소한 것에 감사하는 사람에게 해악은 더 이상 미치지 못합니다.

감사가 없으면 메울 수 없는 결핍 속에서 살아가지만, 감사는 삶을 더욱 풍요롭게 합니다. 감사를 통해 서로 다른 삶의 방식을 인정하게 되고 하나님의 뜻과 섭리를 발견하게 됩니다.

하나님께서 주신 복을 세어보고 기록하는 감사노트를 통해 갈등과 오해가 풀리고, 마음의 병이 치유되는 것을 경험하게 될 것입니다. 하나님의 사랑받은 자녀라는 것을 스스로 깨닫게 될 것입니다. 또한 감사를 적어 내려가다 보면 우리 인생이 하나님과 동행한 감사행전임을 쉽게 알게 될 것이며 풍성한 하나님의 은혜와 사랑의 깊이를 발견하게 될 것입니다.

이 상 윤

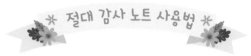
✾ 절대 감사 노트 사용법 ✾

오늘 하루를 떠올리며 감사
했던 일들을 기록해 보세요.
특별한 감사도 있지만 범사
의 감사까지 감사의 범위,
대상은 넓습니다.
일상의 소중함도 감사의 대
상임을 기억해 주세요.

성경 말씀이 전하는 인생의
지혜를 만나 보세요.

오늘 하루 기억할 일이나 생
각이 있다면 메모해 보세요.

---

3 Date _____

Today's 감사

1 _____

2 _____

3 _____

4 _____

5 _____

• 내 영혼을 소생시키고 자기 이름을 위하여 의의 길로 인도하시는도다 시편 23:3

큐티   성경 읽기   기도하기

QT는 Quiet Time의 약자로 말씀 묵상을 말합니다.
하나님을 만나는 시간은 믿음의 식구인 우리에겐 매우 중요합니다.
큐티와 기도, 성경 읽기를 통해 하나님과의 교재를 실천해 보세요.

이번 주 Best 감사

1

2

3

4

5

6

7

일주일 동안 감사했던 일들을 떠올리며 그중에서도 좀 더 감사했던 일과 그에 대한 간단한 소회를 함께 기록해 보세요.
실천하고 싶은 감사도 함께 써서 생활 속의 감사하는 삶을 키워 보세요.

절대 감사
노트

1

Date _____

Today's 감사

1 _____

2 _____

3 _____

4 _____

5 _____

여호와는 나의 목자시니 내게 부족함이 없으리로다 시편 23:1

☐ 큐티   ☐ 성경 읽기   ☐ 기도하기

Date _____

Today`s 감사

1 _____

2 _____

3 _____

4 _____

5 _____

그가 나를 푸른 풀밭에 누이시며 쉴 만한 물 가로 인도하시는도다 시편 23:2

☐ 큐티　　☐ 성경 읽기　　☐ 기도하기

3

Today's 감사

1

2

3

4

5

내 영혼을 소생시키시고 자기 이름을 위하여 의의 길로 인도하시는도다 시편 23:3

☐ 큐티   ☐ 성경 읽기   ☐ 기도하기

Date _____

4

Today's 감사

1 _____
_____

2 _____
_____

3 _____
_____

4 _____
_____

5 _____
_____

내가 사망의 음침한 골짜기로 다닐지라도 해를 두려워하지 않을 것은 주께서 나
와 함께 하심이라 주의 지팡이와 막대기가 나를 안위하시나이다   시편 23:4

☐ 큐티   ☐ 성경 읽기   ☐ 기도하기

5

Date

Today`s 감사

1

2

3

4

5

주께서 내 원수의 목전에서 내게 상을 차려 주시고 기름을 내 머리에 부으셨으니 내 잔이 넘치나이다 시편 23:5

☐ 큐티 ☐ 성경 읽기 ☐ 기도하기

Date _____ **6**

Today´s 감사

1 ....
  ....

2 ....
  ....

3 ....
  ....

4 ....
  ....

5 ....
  ....

내 평생에 선하심과 인자하심이 반드시 나를 따르리니 내가 여호와의 집에 영원
히 살리로다 시편 23:6

☐ 큐티   ☐ 성경 읽기   ☐ 기도하기

7

Today's 감사

1

2

3

4

5

네 시작은 미약하였으나 네 나중은 심히 창대하리라 욥기 8:7

□ 큐티   □ 성경 읽기   □ 기도하기

항상 기뻐하라

쉬지 말고 기도하라

범사에 감사하라

이것이 그리스도 예수 안에서

너희를 향하신 하나님의 뜻이니라

데살로니가전서 5:16~18

이번 주 Best 감사

1

2

3

4

5

6

7

Date _____ 8

Today's 감사

1 _____
_____

2 _____
_____

3 _____
_____

4 _____
_____

5 _____
_____

아침에 나로 하여금 주의 인자한 말씀을 듣게 하소서 내가 주를 의뢰함이니이다
내가 다닐 길을 알게 하소서 내가 내 영혼을 주께 드림이니이다　시편 143:8

☐ 큐티　　☐ 성경 읽기　　☐ 기도하기

9

Today's 감사

1

2

3

4

5

곧 헛된 것과 거짓말을 내게서 멀리 하옵시며 나를 가난하게도 마옵시고 부하게
도 마옵시고 오직 필요한 양식으로 나를 먹이시옵소서   잠언 30:8

☐ 큐티   ☐ 성경 읽기   ☐ 기도하기

Date _____ 10

Today´s 감사

1 ....

....

2 ....

....

3 ....

....

4 ....

....

5 ....

....

구하는 이마다 받을 것이요 찾는 이는 찾아낼 것이요 두드리는 이에게는 열릴 것
이니라 마태복음 7:8

☐ 큐티   ☐ 성경 읽기   ☐ 기도하기

11

Today's 감사

1

2

3

4

5

하나님이 세상을 이처럼 사랑하사 독생자를 주셨으니 이는 그를 믿는 자마다 멸
망하지 않고 영생을 얻게 하려 하심이라 요한복음 3:16

☐ 큐티   ☐ 성경 읽기   ☐ 기도하기

Date _____ 12

Today's 감사

1 _____
  _____

2 _____
  _____

3 _____
  _____

4 _____
  _____

5 _____
  _____

그는 정직한 자를 위하여 완전한 지혜를 예비하시며 행실이 온전한 자에게 방패
가 되시나니 잠언 2:7

☐ 큐티   ☐ 성경 읽기   ☐ 기도하기

Date

Today's 감사

1

2

3

4

5

하나님이 이르시되 그가 나를 사랑한즉 내가 그를 건지리라 그가 내 이름을 안즉 내가 그를 높이리라 시편 91:14

☐ 큐티   ☐ 성경 읽기   ☐ 기도하기

Date

Today's 감사

1

2

3

4

5

여호와는 선하시며 환난 날에 산성이시라 그는 자기에게 피하는 자들을 아시
느니라 나훔 1:7

☐ 큐티   ☐ 성경 읽기   ☐ 기도하기

감사를 기록해 보세요. 천국의 감춰진 보물을 발견해 나가는 보물섬 지도가 될 것입니다.

하나님께서 베풀어 주신 은혜를 기억하고 하나씩 감사의 이유와 조건들을 찾아나갈 때 더욱 성숙한 신앙의 모습으로 바뀌어 갑니다.

이상윤 목사

이번 주 Best 감사

1

2

3

4

5

6

7

15

Date _____

Today's 감사

1 _____

_____

2 _____

_____

3 _____

_____

4 _____

_____

5 _____

_____

우리가 세상에 아무 것도 가지고 온 것이 없으매 또한 아무 것도 가지고 가지 못
하리니 우리가 먹을 것과 입을 것이 있은즉 족한 줄로 알 것이니라

디모데전서 6:7~10

큐티   성경 읽기   기도하기

Date _____

16

Today`s 감사

1 _____

2 _____

3 _____

4 _____

5 _____

예수께서 이르시되 할 수 있거든이 무슨 말이냐 믿는 자에게는 능히 하지 못할 일
이 없느니라 하시니 마가복음 9:23

☐ 큐티   ☐ 성경 읽기   ☐ 기도하기

17

Date

Today's 감사

1

2

3

4

5

지혜를 얻은 자와 명철을 얻은 자는 복이 있나니 이는 지혜를 얻는 것이 은을 얻는 것보다 낫고 그 이익이 정금보다 나음이니라 잠언 3:13~14

☐ 큐티   ☐ 성경 읽기   ☐ 기도하기

Date _____

Today´s 감사

1 _____

2 _____

3 _____

4 _____

5 _____

나를 사랑하고 내 계명을 지키는 자에게는 천 대까지 은혜를 베푸느니라
출애굽기 20:6

☐ 큐티　　☐ 성경 읽기　　☐ 기도하기

19

Today's 감사

1

2

3

4

5

상한 갈대를 꺾지 아니하며 꺼져가는 심지를 끄지 아니하기를 심판하여 이길 때까지 하리니   마태복음 12:20

☐ 큐티   ☐ 성경 읽기   ☐ 기도하기

Date

20

Today's 감사

1

2

3

4

5

지혜를 버리지 말라 그가 너를 보호하리라 그를 사랑하라 그가 너를 지키리라

잠언 4:6

큐티 성경 읽기 기도하기

Date

Today´s 감사

1

2

3

4

5

여호와는 나의 사랑이시요 나의 요새이시요 나의 산성이시요 나를 건지시는 이시요 나의 방패이시니 내가 그에게 피하였고 그가 내 백성을 내게 복종하게 하셨나이다 시편 144:2

큐티　　　성경 읽기　　　기도하기

큰일을 이루기 위해 힘을 주십사 기도했더니 겸손을 배우라고 연약함을 주셨습니다

많은 일을 해낼 수 있는 건강을 구했는데

보다 가치 있는 일을 하라고 병을 주셨습니다

행복해지고 싶어 기도했는데

지혜로워지라고 가난을 주셨습니다

세상 사람들의 칭찬을 받고자 성공을 구했더니 뽐내지 말라고 실패를 주셨습니다

삶을 누릴 수 있게 모든 것을 갖게 해달라고 기도했더니 모든 것을 누릴 수 있는 삶 자체를 주셨습니다

구한 것 하나도 주시지 않았지만

내 소원 모두 들어 주셨습니다

하나님의 뜻을 따르지 못한 삶이었지만

내 마음 속에 진작 표현하지 못한 기도는

모두 들어 주셨습니다.

나는 가장 많은 축복을 받은 사람입니다.

성 프란치스코의 기도

이번 주 Best 감사

1

2

3

4

5

6

7

Date _____ 22

Today`s 감사

1 _____

_____

2 _____

_____

3 _____

_____

4 _____

_____

5 _____

_____

여호와여 내 기도를 들으시며 내 간구에 귀를 기울이시고 주의 진실과 의로 내게
응답하소서   시편 143:1

☐ 큐티   ☐ 성경 읽기   ☐ 기도하기

23

Today's 감사

1

2

3

4

5

가난한 사람을 학대하는 자는 그를 지으신 이를 멸시하는 자요 궁핍한 사람을 불쌍히 여기는 자는 주를 공경하는 자니라 잠언 14:31

☐ 큐티   ☐ 성경 읽기   ☐ 기도하기

Date

Today's 감사

1

2

3

4

5

선한 지혜는 은혜를 베푸나 사악한 자의 길은 험하니라 무릇 슬기로운 자는 지식 으로 행하거니와 미련한 자는 자기의 미련한 것을 나타내느니라 잠언 13:15~16

☐ 큐티   ☐ 성경 읽기   ☐ 기도하기

25

Today`s 감사

1

2

3

4

5

예수께서 이르시되 내가 곧 길이요 진리요 생명이니 나로 말미암지 않고는 아버지께로 올 자가 없느니라 요한복음 14:6

☐ 큐티   ☐ 성경 읽기   ☐ 기도하기

Date _____

Today's 감사

1 _____

2 _____

3 _____

4 _____

5 _____

나는 가난하고 궁핍하오나 주께서는 나를 생각하시오니 주는 나의 도움이시오 나를 건지시는 이시라 나의 하나님이여 지체하지 마소서 시편 40:17

☐ 큐티 ☐ 성경 읽기 ☐ 기도하기

27

Today's 감사

1

2

3

4

5

하나님은 우리의 피난처시요 힘이시니 환난 중에 만날 큰 도움이시라 시편 46:1

☐ 큐티   ☐ 성경 읽기   ☐ 기도하기

Date

28

Today`s 감사

1

2

3

4

5

하나님은 사람이 아니시니 거짓말을 하지 않으시고 인생이 아니시니 후회가 없으시도다 어찌 그 말씀하신 바를 행하지 않으시며 하신 말씀을 실행하지 않으시랴 민수기 23:19

☐ 큐티   ☐ 성경 읽기   ☐ 기도하기

록펠러의 10가지 신앙지침 (어머니의 유언)

1. 하나님을 친아버지 이상으로 섬겨라.

2. 목사님을 하나님 다음으로 섬겨라.

3. 안식일 예배는 본 교회에서 드려라.

4. 오른쪽 주머니는 항상 십일조 주머니로 하라.

5. 아무도 원수로 만들지 말라.

6. 아침에 목표를 세우고 기도하라.

7. 잠자리에 들기 전 하루를 반성하고 기도하라.

8. 아침에는 꼭 하나님 말씀을 읽어라.

9. 남을 도울 수 있으면 힘껏 도우라.

10. 예배 시간에 항상 앞에 앉으라.

1

2

3

4

5

6

7

29 Date

Today´s 감사

1

2

3

4

5

사악한 자의 길에 들어가지 말며 악인의 길로 다니지 말지어다 잠언 4:14

큐티   성경 읽기   기도하기

Date _____

Today's 감사

1 _____

_____

2 _____

_____

3 _____

_____

4 _____

_____

5 _____

_____

사랑할 때가 있고 미워할 때가 있으며 전쟁할 때가 있고 평화할 때가 있느니라
전도서 3:8

☐ 큐티　　☐ 성경 읽기　　☐ 기도하기

31 Date

Today´s 감사

1

2

3

4

5

여호와가 너를 항상 인도하여 메마른 곳에서도 네 영혼을 만족하게 하며 네 뼈를
견고하게 하리니 너는 물 댄 동산 같겠고 물이 끊어지지 아니하는 샘 같을 것이라
이사야 58:11

큐티   성경 읽기   기도하기

Date

Today`s 감사

1

2

3

4

5

하나님께 가까이 함이 내게 복이라 내가 주 여호와를 나의 피난처로 삼아 주의 모
든 행적을 전파하리이다 시편 73:28

33

Today`s 감사

1

2

3

4

5

또 여호와를 기뻐하라 그가 네 마음의 소원을 네게 이루어 주시리로다 시편 37:4

큐티   성경 읽기   기도하기

Date

34

Today's 감사

1

2

3

4

5

그러므로 너희 죄를 서로 고백하며 병이 낫기를 위하여 서로 기도하라 의인의 간 구는 역사하는 힘이 큼이니라 야고보서 5:16

☐ 큐티   ☐ 성경 읽기   ☐ 기도하기

Date

Today´s 감사

1

2

3

4

5

사랑하는 자들아 주께는 하루가 천 년 같고 천 년이 하루 같다는 이 한 가지를 잊지 말라 베드로후서 3:8

큐티   성경 읽기   기도하기

세상에서 가장 지혜로운 사람은

배우는 사람이고

세상에서 가장 행복한 사람은

감사하며 사는 사람이다!

탈무드

1

2

3

4

5

6

7

Date _____

Today′s 감사

1 ....

2 ....

3 ....

4 ....

5 ....

높음이나 깊음이나 다른 어떤 피조물이라도 우리를 우리 주 그리스도 예수 안에 있는 하나님의 사랑에서 끊을 수 없으리라   로마서 8:39

☐ 큐티   ☐ 성경 읽기   ☐ 기도하기

Date _____

Today´s 감사

1 ....
....

2 ....
....

3 ....
....

4 ....
....

5 ....
....

여호와여 속히 내게 응답하소서 내 영이 피곤하니이다 주의 얼굴을 내게서 숨기
지 마소서 내가 무덤에 내려가는 자 같을까 두려워하나이다 시편 143:7

☐ 큐티   ☐ 성경 읽기   ☐ 기도하기

Today's 감사

1

2

3

4

5

그러므로 믿음은 들음에서 나며 들음은 그리스도의 말씀으로 말미암았느니라
로마서 10:17

☐ 큐티 ☐ 성경 읽기 ☐ 기도하기

39

Date

Today's 감사

1

2

3

4

5

여호와께서 너희의 땅에 이른 비, 늦은 비를 적당한 때에 내리시리니 너희가 곡식
과 포도주와 기름을 얻을 것이요 신명기 11:14

☐ 큐티 ☐ 성경 읽기 ☐ 기도하기

40

Today′s 감사

1

2

3

4

5

선물한다고 거짓 자랑하는 자는 비 없는 구름과 바람 같으니라   잠언 25:14

☐ 큐티   ☐ 성경 읽기   ☐ 기도하기

41

Date

Today's 감사

1

2

3

4

5

내가 네게 명령한 것이 아니냐 강하고 담대하라 두려워하지 말며 놀라지 말라 네가 어디로 가든지 네 하나님 여호와가 너와 함께 하느니라 하시니라   여호수아 1:9

☐ 큐티   ☐ 성경 읽기   ☐ 기도하기

Date _____

Today`s 감사

1

2

3

4

5

여호와께서는 자기에게 간구하는 모든 자 곧 진실하게 간구하는 모든 자에게 가
까이 하시는도다 시편 145:18

☐ 큐티   ☐ 성경 읽기   ☐ 기도하기

누군가에게 최고의 날을 만들어 주는 것은
그리 어려운 일이 아니다.
전화 한 통, 감사의 편지,
몇 마디의 격려와 칭찬만으로도
충분한 일이다.

댄 클라크

1

2

3

4

5

6

7

Date

43

Today's 감사

1

2

3

4

5

서서 기도할 때에 아무에게나 혐의가 있거든 용서하라 그리하여야 하늘에 계신 너희 아버지께서도 너희 허물을 사하여 주시리라 하시니라 마가복음 11:25

큐티   성경 읽기   기도하기

Date _____

Today´s 감사

1 _____
_____

2 _____
_____

3 _____
_____

4 _____
_____

5 _____
_____

우리가 살아도 주를 위하여 살고 죽어도 주를 위하여 죽나니 그러므로 사나 죽으
나 우리가 주의 것이로다 로마서 14:8

큐티   성경 읽기   기도하기

Date

45

Today´s 감사

1

2

3

4

5

나와 아버지는 하나이니라 하신대 요한복음 10:30

큐티   성경 읽기   기도하기

Date

Today's 감사

1

2

3

4

5

고난 당하기 전에는 내가 그릇 행하였더니 이제는 주의 말씀을 지키나이다
시편 119:67

큐티   성경 읽기   기도하기

Date

Today's 감사

1

2

3

4

5

그가 사모하는 영혼에게 만족을 주시며 주린 영혼에게 좋은 것으로 채워주심
이로다 시편 107:9

큐티   성경 읽기   기도하기

Date

Today's 감사

1

2

3

4

5

내가 문이니 누구든지 나로 말미암아 들어가면 구원을 받고 또는 들어가며 나오
며 꼴을 얻으리라 요한복음 10:9

큐티   성경 읽기   기도하기

Date

49

Today's 감사

1

2

3

4

5

내가 나그네 된 집에서 주의 율례들이 나의 노래가 되었나이다   시편 119 : 54

큐티   성경 읽기   기도하기

행복은 이리저리 옮기거나 소유하거나

애써 쟁취하거나 닳게 하거나

소모시킬 수 없다.

행복은 매 순간

사랑과 은총과 감사를

경험하는 것이다.

데니스 웨이틀리

1

2

3

4

5

6

7

Today's 감사

1

2

3

4

5

청년이 무엇으로 그의 행실을 깨끗하게 하리이까 주의 말씀만 지킬 따름이니이다
시편 119:9

☐ 큐티　　☐ 성경 읽기　　☐ 기도하기

Date

Today's 감사

1

2

3

4

5

각각 은사를 받은 대로 하나님의 여러 가지 은혜를 맡은 선한 청지기 같이 서로 봉사하라 베드로전서 4:10

☐ 큐티   ☐ 성경 읽기   ☐ 기도하기

Today's 감사

1

2

3

4

5

의인의 길은 정직함이여 정직하신 주께서 의인의 첩경을 평탄하게 하시도다
이사야 26 : 7

☐ 큐티   ☐ 성경 읽기   ☐ 기도하기

53

Today's 감사

1

2

3

4

5

지혜 있는 자는 강하고 지식 있는 자는 힘을 더하나니 너는 전략으로 싸우라 승리
는 지략이 많음에 있느니라   잠언 24:5~6

☐ 큐티   ☐ 성경 읽기   ☐ 기도하기

54

Today's 감사

1

2

3

4

5

미련한 자는 교만하여 입으로 매를 자청하고 지혜로운 자의 입술은 자기를 보전하느니라 잠언 14:3

☐ 큐티　　☐ 성경 읽기　　☐ 기도하기

55

Today's 감사

1

2

3

4

5

모든 겸손과 온유로 하고 오래 참음으로 사랑 가운데서 서로 용납하고 평안의 매는 줄로 성령이 하나 되게 하신 것을 힘써 지키라 에베소서 4:2~3

☐ 큐티 ☐ 성경 읽기 ☐ 기도하기

Today's 감사

1

2

3

4

5

마땅히 행할 길을 아이에게 가르치라 그리하면 늙어도 그것을 떠나지 아니하리라
잠언 22:6

☐ 큐티   ☐ 성경 읽기   ☐ 기도하기

감사하는 마음은

가장 위대한 미덕일 뿐만 아니라

다른 모든 미덕의 근원이 된다.

키케로

1

2

3

4

5

6

7

Date

Today`s 감사

1

2

3

4

5

민음이 강한 우리는 마땅히 믿음이 약한 자의 약점을 담당하고 자기를 기쁘게 하지 아니할 것이라 로마서 15:1

☐ 큐티   ☐ 성경 읽기   ☐ 기도하기

Today's 감사

1

2

3

4

5

그런즉 너희는 먼저 그의 나라와 그의 의를 구하라 그리하면 이 모든 것을 너희에게 더하시리라   마태복음 6:33

☐ 큐티   ☐ 성경 읽기   ☐ 기도하기

Date

Today`s 감사

1

2

3

4

5

오직 믿음으로 구하고 조금도 의심하지 말라 의심하는 자는 마치 바람에 밀려 요
동하는 바다 물결 같으니 야고보서 1:6

☐ 큐티   ☐ 성경 읽기   ☐ 기도하기

Date _____

Today´s 감사

1

2

3

4

5

내가 진실로 진실로 너희에게 이르노니 한 알의 밀이 땅에 떨어져 죽지 아니하면
한 알 그대로 있고 죽으면 많은 열매를 맺느니라 요한복음 12:24

☐ 큐티   ☐ 성경 읽기   ☐ 기도하기

Date

Today's 감사

1

2

3

4

5

사람들이 사는 동안에 기뻐하며 선을 행하는 것보다 더 나은 것이 없는 줄을 내가
알았고   전도서 3:12

☐ 큐티   ☐ 성경 읽기   ☐ 기도하기

Date

Today's 감사

1

2

3

4

5

하나님은 우리의 피난처시요 힘이시니 환난 중에 만날 큰 도움이시라 시편 46 : 1

63

Today's 감사

1

2

3

4

5

오직 그만이 나의 반석이시요 나의 구원이시요 나의 요새이시니 내가 크게 흔들리지 아니하리로다 시편 62:2

☐ 큐티   ☐ 성경 읽기   ☐ 기도하기

긍정적인 사람은 한계가 없지만

부정적인 사람은 한 게 없다!

1

2

3

4

5

6

7

Date

64

Today's 감사

1

2

3

4

5

사랑하는 자들아 하나님이 이같이 우리를 사랑하셨은즉 우리도 서로 사랑하는 것
이 마땅하도다 요한1서 4:11

☐ 큐티　☐ 성경 읽기　☐ 기도하기

65

Today's 감사

1

2

3

4

5

우리가 사랑함은 그가 먼저 우리를 사랑하셨음이라 요한1서 4:19

☐ 큐티   ☐ 성경 읽기   ☐ 기도하기

Today's 감사

1

2

3

4

5

세월을 아끼라 때가 악하니라 에베소서 5:16

Today`s 감사

1

2

3

4

5

오직 성령의 열매는 사랑과 희락과 화평과 오래 참음과 자비와 양선과 충성과 온유와 절제니 이같은 것을 금지할 법이 없느니라 갈라디아서 5:22~23

☐ 큐티   ☐ 성경 읽기   ☐ 기도하기

Date

Today´s 감사

1

2

3

4

5

내가 부득불 자랑할진대 내가 약한 것을 자랑하리라 고린도후서 11:30

☐ 큐티   ☐ 성경 읽기   ☐ 기도하기

Date

Today's 감사

1

2

3

4

5

근심하는 자 같으나 항상 기뻐하고 가난한 자 같으나 많은 사람을 부요하게 하고
아무 것도 없는 자 같으나 모든 것을 가진 자로다 고린도후서 6:10

☐ 큐티 ☐ 성경 읽기 ☐ 기도하기

Today's 감사

1

2

3

4

5

그런즉 믿음, 소망, 사랑, 이 세 가지는 항상 있을 것인데 그 중의 제일은 사랑이라
고린도전서 13:13

☐ 큐티   ☐ 성경 읽기   ☐ 기도하기

이 또한 지나가리라.

옛날 어떤 나라의 왕이 세공사에게 다음과 같이 명령했습니다.

"세공사는 아주 아름다운 반지를 만들라. 그런데 그 반지에는 내가 큰 승리를 거두거나 기쁨을 억제하지 못해 자만하게 되면 자만할 수 없는 글을 넣어라. 또한 그 글은 내가 아주 큰 절망이나 깊은 슬픔에 잠기게 되었을 때는 반대로 용기를 줄 수 있어야 하느니라."

세공사는 왕의 명을 받고 누구나 감탄할 만한 아름다운 반지를 만들어냈습니다. 하지만 반지에 새길 글은 찾지 못했습니다. 고민하던 세공사는 신하들에게 도움을 요청했습니다.

그러나 신하들도 자만할 때는 자만을 멈추고, 좌절했을 때는 희망을 줄 수 있는 문장을 찾지 못했습니다.

고민하던 그들은 지혜롭기로 소문난 왕자를 찾아갔습니다.

그러자 왕자는 한 문장을 이야기해 줬고 세공사는 무사히 왕에게 반지를 올릴 수 있었습니다.

그리고 왕은 늘 그 반지를 끼고 있었다고 합니다.

그 글귀가 바로 '이 또한 지나가리라'였습니다.

중세 페르시아의 수피교 시인의 글 중에서

이번 주 Best 감사

1

2

3

4

5

6

7

71

Today's 감사

1

2

3

4

5

지식 없는 소원은 선하지 못하고 발이 급한 사람은 잘못 가느니라 잠언 19:2

☐ 큐티   ☐ 성경 읽기   ☐ 기도하기

Today's 감사

1

2

3

4

5

여호와여 주의 긍휼을 내게서 거두지 마시고 주의 인자와 진리로 나를 항상 보호
하소서 시편 40:11

☐ 큐티   ☐ 성경 읽기   ☐ 기도하기

73

Today`s 감사

1

2

3

4

5

오직 너희를 부르신 거룩한 이처럼 너희도 모든 행실에 거룩한 자가 되라
베드로전서 1:15

☐ 큐티　　☐ 성경 읽기　　☐ 기도하기

Date

74

Today`s 감사

1

2

3

4

5

나는 마음이 온유하고 겸손하니 나의 멍에를 메고 내게 배우라 그리하면 너희 마음이 쉼을 얻으리니 마태복음 11:29

☐ 큐티 ☐ 성경 읽기 ☐ 기도하기

75

Today's 감사

1

2

3

4

5

죄의 삯은 사망이요 하나님의 은사는 그리스도 예수 우리 주 안에 있는 영생이
니라 로마서 6:23

☐ 큐티   ☐ 성경 읽기   ☐ 기도하기

Date _____

Today's 감사

1 _____
  _____

2 _____
  _____

3 _____
  _____

4 _____
  _____

5 _____
  _____

우리가 주목하는 것은 보이는 것이 아니요 보이지 않는 것이니 보이는 것은 잠깐
이요 보이지 않는 것은 영원함이라 고린도후서 4:18

☐ 큐티   ☐ 성경 읽기   ☐ 기도하기

Date

Today's 감사

1

2

3

4

5

기도를 계속하고 기도에 감사함으로 깨어 있으라 골로새서 4:2

☐ 큐티　　☐ 성경 읽기　　☐ 기도하기

무엇으로 하나님께 영광을 돌릴 수 있을까? 마음속에 불평이 가득한 채로 입술로만 드리는 찬양을 하나님께서 기뻐하실까?

시 50:23은 "감사로 제사를 드리는 자가 나를 영화롭게 하나니 그의 행위를 옳게 하는 자에게 내가 하나님의 구원을 보이리라"고 말씀한다.

감사는 하나님께 영광을 돌리는 행위이다. 물과 햇빛이 없으면 식물이 자랄 수 없듯이 감사가 없으면 신앙은 자라지 않는다.

감사는 영적 침체와 삶의 무기력증의 터널을 빠져나올 힘이 된다. 하나님께서 베풀어 주신 은혜에 감사할 때 황폐해진 마음에 은혜의 단비가 내리기 시작한다.

감사하는 만큼 은혜의 깊이 더할 것이며 감사의 기록은 하나님의 은혜의 선물을 저장하는 공간이 될 것이다.

이상윤 목사

이번 주 Best 감사

1

2

3

4

5

6

7

Date _____

Today's 감사

1 _____

2 _____

3 _____

4 _____

5 _____

다툼을 멀리 하는 것이 사람에게 영광이거늘 미련한 자마다 다툼을 일으키느니라
잠언 20 : 3

☐ 큐티   ☐ 성경 읽기   ☐ 기도하기

Date

Today's 감사

1

2

3

4

5

우매한 자는 말을 많이 하거니와 사람은 장래 일을 알지 못하나니 나중에 일어날
일을 누가 그에게 알리리요 전도서 10:14

☐ 큐티   ☐ 성경 읽기   ☐ 기도하기

Date

80

Today's 감사

1

2

3

4

5

좋은 나무가 나쁜 열매를 맺을 수 없고 못된 나무가 아름다운 열매를 맺을 수 없
느니라 아름다운 열매를 맺지 아니하는 나무마다 찍혀 불에 던져지느니라
마태복음 7:18~19

☐ 큐티　☐ 성경 읽기　☐ 기도하기

81

Today's 감사

1

2

3

4

5

즐거워하는 자들과 함께 즐거워하고 우는 자들과 함께 울라 로마서 12:15

☐ 큐티   ☐ 성경 읽기   ☐ 기도하기

Today´s 감사

1

2

3

4

5

주께서 나의 등불을 켜심이여 여호와 내 하나님이 내 흑암을 밝히시리이다
시편 18:28

☐ 큐티   ☐ 성경 읽기   ☐ 기도하기

83

Date _____

Today's 감사

1 _____

2 _____

3 _____

4 _____

5 _____

무릇 더러운 말은 너희 입 밖에도 내지 말고 오직 덕을 세우는 데 소용되는 대로 선한 말을 하여 듣는 자들에게 은혜를 끼치게 하라 에베소서 4:29

☐ 큐티   ☐ 성경 읽기   ☐ 기도하기

Date

Today`s 감사

1

2

3

4

5

자기의 육체를 위하여 심는 자는 육체로부터 썩어질 것을 거두고 성령을 위하여
심는 자는 성령으로부터 영생을 거두리라 갈라디아서 6:8

☐ 큐티   ☐ 성경 읽기   ☐ 기도하기

칭찬 속에서 자란 아이는

감사할 줄 안다.

도로시로 놀트

이번 주 Best 감사

1

2

3

4

5

6

7

85

Today's 감사

1

2

3

4

5

하나님의 뜻대로 하는 근심은 후회할 것이 없는 구원에 이르게 하는 회개를 이루는 것이요 세상 근심은 사망을 이루는 것이니라 고린도후서 7:10

☐ 큐티 ☐ 성경 읽기 ☐ 기도하기

Today´s 감사

1

2

3

4

5

누구든지 자기를 높이는 자는 낮아지고 누구든지 자기를 낮추는 자는 높아지리라
마태복음 23:12

☐ 큐티   ☐ 성경 읽기   ☐ 기도하기

Date _____

Today's 감사

1 ....

2 ....

3 ....

4 ....

5 ....

예수께서 이르시되 나는 생명의 떡이니 내게 오는 자는 결코 주리지 아니할 터이요 나를 믿는 자는 영원히 목마르지 아니하리라 요한복음 6:35

☐ 큐티 ☐ 성경 읽기 ☐ 기도하기

Today's 감사

1

2

3

4

5

이같이 너희 빛이 사람 앞에 비치게 하여 그들로 너희 착한 행실을 보고 하늘에
계신 너희 아버지께 영광을 돌리게 하라 마태복음 5:16

☐ 큐티   ☐ 성경 읽기   ☐ 기도하기

Date

Today's 감사

1

2

3

4

5

여호와께서 너를 실족하지 아니하게 하시며 너를 지키시는 이가 졸지 아니하시리로다 시편 121:3

☐ 큐티   ☐ 성경 읽기   ☐ 기도하기

Today`s 감사

1

2

3

4

5

우리는 남의 수고를 가지고 분수 이상의 자랑을 하는 것이 아니라 오직 너희 믿음이 자랄수록 우리의 규범을 따라 너희 가운데서 더욱 풍성하여지기를 바라노라

고린도후서 10 : 15

☐ 큐티   ☐ 성경 읽기   ☐ 기도하기

91

Date

Today's 감사

1

2

3

4

5

내가 복음을 부끄러워하지 아니하노니 이 복음은 모든 믿는 자에게 구원을 주시는 하나님의 능력이 됨이라 먼저는 유대인에게요 그리고 헬라인에게로다

로마서 1:16

☐ 큐티   ☐ 성경 읽기   ☐ 기도하기

가장 훌륭한 기술,

가장 배우기 어려운 기술은

세상을 살아가는 기술이다.

메이시

이번 주 Best 감사

1

2

3

4

5

6

7

Date

Today's 감사

1

2

3

4

5

그가 시험을 받아 고난을 당하셨은즉 시험 받는 자들을 능히 도우실 수 있느니라
히브리서 2:18

☐ 큐티   ☐ 성경 읽기   ☐ 기도하기

93

Today's 감사

1

2

3

4

5

보라 그의 마음은 교만하며 그 속에서 정직하지 못하나 의인은 그의 믿음으로 말미암아 살리라 하박국 2:4

☐ 큐티　　☐ 성경 읽기　　☐ 기도하기

Date

Today's 감사

1

2

3

4

5

노하기를 더디 하는 자는 크게 명철하여도 마음이 조급한 자는 어리석음을 나타
내느니라 잠언 14:29

☐ 큐티   ☐ 성경 읽기   ☐ 기도하기

95

Date

Today´s 감사

1

2

3

4

5

나의 계명을 지키는 자라야 나를 사랑하는 자니 나를 사랑하는 자는 내 아버지께
사랑을 받을 것이요 나도 그를 사랑하여 그에게 나를 나타내리라 요한복음 14:21

☐ 큐티   ☐ 성경 읽기   ☐ 기도하기

Today`s 감사

1

2

3

4

5

지혜로운 자는 지식을 간직하거니와 미련한 자의 입은 멸망에 가까우니라
잠언 10:14

☐ 큐티   ☐ 성경 읽기   ☐ 기도하기

Date

Today's 감사

1

2

3

4

5

인자한 자는 자기의 영혼을 이롭게 하고 잔인한 자는 자기의 몸을 해롭게 하느니라 잠언 11:17

큐티   성경 읽기   기도하기

Today`s 감사

1

2

3

4

5

대저 여호와는 네가 의지할 이시니라 네 발을 지켜 걸리지 않게 하시리라
잠언 3 : 26

☐ 큐티   ☐ 성경 읽기   ☐ 기도하기

좋은 일을 많이 해내려고 기다리는 사람은

하나의 좋은 일도 해낼 수 없다.

사무엘 존슨

이번 주 Best 감사

1

2

3

4

5

6

7

99

Today`s 감사

1

2

3

4

5

나는 오직 주의 사랑을 의지하였사오니 나의 마음은 주의 구원을 기뻐하리이다
내가 여호와를 찬송하리니 이는 주께서 내게 은덕을 베푸심이로다
시편 13:5~6

☐ 큐티   ☐ 성경 읽기   ☐ 기도하기

Today`s 감사

1

2

3

4

5

하나님이 우리에게 주신 것은 두려워하는 마음이 아니요 오직 능력과 사랑과 절
제하는 마음이니 디모데후서 1:7

☐ 큐티 ☐ 성경 읽기 ☐ 기도하기

세상에서 가장 쓸모없는 인간은

감사할 줄 모르는 인간이다.

요한 볼프강 폰 괴테

이번 주 Best 감사

1

2

3

4

5

6

7

기독교 신앙이 담긴 바른
교회 용어를 통해 알아보는 믿음의 자리!

이상윤 지음 | 192쪽 올컬러 | 13,000원

올바른 교회 용어는 왜 중요할까?

우리가 쓰고 있는 기독교 용어에는 구복신앙적 요소,
샤머니즘, 비기독교적 가치관을 담은 것들이
많다. 때문에 바른 교회 용어를 사용하는
것은 하나님의 말씀을 좀 더 바르게
이해하고 실천할 수 있는 첫걸음
의 시작일 것이다.